ÉTUDES SOCIALES

LES

CANCERS

LA FEMME DÉCHUE. — L'EXPLOITEUR
L'HOMME DÉCHU

PAR

ADHÉMARD LECLER

Prix : 15 centimes, franco, 20 centimes

PARIS
LIBRAIRIE UNIVERSELLE DE GODET JEUNE
9, PLACE DES VICTOIRES, 9
Et chez les principaux libraires

1876

A LA MÊME LIBRAIRIE :

En préparation, pour paraître prochainement, par le même auteur :

2. — *Le prêtre célibataire et criminel. — Responsabilité du dogme. — La sœur Thérésia.*

3. — *Misère.*

4. — *Les salaires et l'exploitation de la femme.*

LES CANCERS

I

S'est-on quelquefois demandé pourquoi tant de pauvres filles, venues sages à Paris, cessent de l'être avant même qu'une année se soit écoulée ?

Non !

On a bien autre chose à faire que de s'occuper de la fille du peuple. Et l'on ne s'en occupe pas.

Cependant, il y a là de quoi intéresser bien des personnes, de quoi occuper bien des philosophes.

Un perpétuel point d'interrogation se dresse en travers de la civilisation :

QUEL EST LE SORT FAIT A LA FEMME ?

Un problème de cette gravité ne doit pas rester sans solution. Lorsque tant de cœurs périssent et s'étiolent, il ne devrait point être permis de ne pas les savoir.

Le remède viendrait ensuite.

Ainsi, la vertu, dans ce qu'elle a de plus saint — la pureté de l'épouse, la sagesse de la fille — la vertu sera compromise, insultée, bafouée, et personne ne songera même à la défendre.

Il lui faudra, toute seule, relever le gant de honte et de boue dont on l'aura souffletée, et venger... Non, la vertu ne se venge pas, elle pardonne et... succombe.

Succomber... Elle succombe, et cette chute est un démenti public qu'elle jette elle-même à son passé.

Personne ne l'a défendue, protégée ; elle a cessé d'être la *petite niaise*, mais elle est devenue la *grande dame*.

Elle a cru monter, elle est descendue.

La pente qu'elle suit est fatale et glissante : la honte est au bout ; la misère en est l'objectif.

Une plaie aussi profonde ne devrait pas être ignorée de la législation qui ne fait rien et de la morale qui ne fait pas grand'chose.

Je connais bien des femmes : Beaucoup ne

font rien, parce qu'elles ont travaillé ; d'autres travaillent encore.

Quelques-unes, parmi ces dernières, parviennent à vivre de ce qu'elles gagnent ; d'autres n'y arrivent pas, elles meurent de la *petite mort*. La maladie les mine, les ronge ; elles pâlissent, s'étiolent, se fanent et... tombent.

Mais il y a tomber et tomber.

II

Celles-ci se lèvent avant le jour et veillent quelquefois très-avant dans la nuit. En travaillant de cinq heures du matin à onze heures du soir, elles n'arrivent pas toujours à gagner *trente-cinq sous*.

La plaie sociale est là, dans ce salaire insensé accordé au travail de la femme. Cette rémunération toute fictive, je ne crains pas de le dire, c'est le vice devenu une institution : c'est la débauche justifiée, nécessaire, inévitable.

Une femme ne peut pas vivre, c'est-à-dire se nourrir, se loger, s'habiller, se blanchir, etc..

avec *trente-cinq sous*. C'est à peine la moitié de l'indispensable.

Il faut donc chercher, dans une autre industrie, d'autres moyens d'existence.

Voilà le vice !

Elle aura un amant qui lui payera sa chambre, elle en aura plusieurs qui l'entretiendront tout à fait, mais elle ne mourra pas.

Elle tombera.

La plaie sociale est là, je le répète, dans l'exploitation de la femme par le fabricant, par le patron.

On veut s'enrichir, d'une part, — on veu vivre, de l'autre.

Celui-ci, pour se créer des revenus, fait une infamie ; — celle-là, pour ne pas mourir, en fait une autre.

Le bourreau trouve des admirateurs et des envieux ; la victime, des gens pour la mépriser.

Retiré des affaires, devenu rentier, le gros commerçant, comme on dit, deviendra conseiller général, maire, député, sénateur, que sais-je ? Rien n'est trop beau, trop élevé pour lui... Il s'est enrichi !

Tout le monde voudra serrer cette main

tachée du sang et tant de fois baignée des larmes de celles qu'elle aura jetées au mépris public ; cette main encrassée par les sous, cette main qui a semé la misère et fait germer le vice, cette main sera bénie !

La fille du peuple, devenue fille de joie, fanée par les baisers de ceux-là même qui l'exploitaient, sera repoussée, méprisée et jetée à Saint-Lazare, plus tard à la fosse commune.

On ne déchoit pas de gaieté de cœur. On ne descend pas en souriant les degrés de l'échelle sociale, et les derniers bâtons qui gisent dans la fange ne sont point peuplés de gens qui s'y plaisent.

L'homme travaille pour augmenter son bien-être et non pour le diminuer. Son bien-être, c'est aussi sa conscience, c'est aussi l'opinion publique.

Tous les pas qu'une femme fait dans la route du vice, sont arrosés de ses larmes... et quelles larmes ? Des larmes de sang.

Cette débauche frénétique, insensée, qu'on lui reproche, ce cynisme qui accompagne l'orgie, c'est l'enivrement qu'elle cherche, c'est l'oubli, c'est l'abrutissement. Elle ne veut pas penser, elle ne veut pas se souvenir.

Le passé est mort; l'avenir, elle n'y croit pas ; le présent, elle ne le comprend point.

Que lui fait l'amour? elle n'aime plus; elle veut jouir... Elle boit, s'enivre, s'endort et rêve; chante, s'exténue, se fatigue et pousse la jouissance jusqu'à la douleur,

Ses joues se fanent, ses lèvres pâlissent, ses yeux n'ont plus d'expression, sa voix devient rauque, ses dents tombent; les rides honteuses de la passion brutale sillonnent son front jadis si pur et si blanc. Elle a vieilli de dix ans en dix mois... mais elle n'a pas pensé, elle n'a pas réfléchi, elle ne s'est pas souvenu.

Elle s'est laissé entraîner sur cette pente glissante où *la faim* lui a fait faire le premier pas.

A qui la faute?

Puis elle n'a plus de mémoire; elle a des moments étranges, des vides au cerveau, du vague autour d'elle. Elle vit sans comprendre la vie. Elle a comme des alternatives de silences et de bruits. Sa vie est un chaos où elle se laisse rouler inconsciente de ce qui se passe. Elle voit et revoit cent fois les mêmes objets : tout lui semble nouveau ; cependant elle est *calme* (calme de l'indifférence), rien ne l'effraye plus, rien ne l'intéresse.

Jeune ou vieux, riche ou pauvre, que lui importe la beauté ou la laideur de celui qui paye ? elle veut boire, elle veut l'orgie, elle la veut tous les jours plus affreuse, plus imbécile, plus bestiale.

Le plaisir de la veille, il faut le surpasser : ce n'était que dégradant, ce sera crapuleux. Il lui faut une orgie où le vin coule à flots.

Demain, il lui faudra du sang.

III

Ce demain-là vient quelquefois :

L'émeute est dans la rue : le peuple qui souffre est las de souffrir ; le pavé est battu de gens en armes ; on crie vengeance, et mille bras se lèvent menaçants contre les palais seigneuriaux.

Des femmes sont dans la foule, pâles, décharnées, malades ; leurs figures se contractent... elles ont soif de vengeance.

Leur faiblesse est une arme, arme terrible dont elles vont bientôt se servir.

Parce que l'on a été sans conscience et sans pitié pour elles, elles seront sans conscience et sans pitié pour les autres. Elles périront peut-être, mais elles tomberont victimes de leur misère, de leur débauche... Le lieu de leur chute sera encore la couche de l'orgie.

Tout est gradué : Orgie de l'amour, orgie du vin, orgie du sang.

On se battait pour un principe... En combattant pour une vengeance, elles ont déshonoré la victoire... ou la défaite.

Tout s'enchaîne : La faim, le sang.

Qui ne se souvient des cris du peuple à certaines époques : *Du pain ou la mort ?*... C'est encore le cri des femmes : Du pain ! elles en veulent, elles travailleraient pour en avoir, mais elles se vendront pour n'en pas manquer ; heureux si elles ne tuent pas pour en prendre... ou pour se venger.

Se venger ! de qui ?

Elles se vengent, sur la société entière, des

fautes de quelques-uns de ses membres. La société est solidaire et responsable, elle payera.

Et la société paye : nos monuments détruits en sont une preuve. La main des femmes déchues est visible ; leur histoire est écrite en noir de fumée sur les murs décrépits de nos palais incendiés.

Point n'est besoin d'un Daniel, tout le monde sait lire ces caractères-là.

Le coupable, ce n'est pas la femme, c'est la misère, c'est l'abrutissement, c'est le spéculateur.

La femme est une *première* victime !

En toutes choses, c'est dans la volonté qui commande, dans la cause qui oblige, et non dans le bras qui obéit, où gît la responsabilité.

On se rirait d'une législation assez ridicule pour punir, de la perte d'un bras, l'homme qui a donné la mort.

Voilà pourtant ce que fait la société tous les jours : elle exécute le malheureux qui frappe, sans toucher à la cause qui commande !

Ce n'est pas extirper le mal, c'est l'éterniser.

IV

Savez-vous, femmes *du monde*, qui repoussez du pied la femme déchue, et qui la faites tomber plus bas encore, savez-vous les souffrances de cette fille du peuple, votre sœur, avilie et déshonorée par ceux-là même que vous aimez?

Non... Vous ignorez cette existence insensée de plaisirs honteux et de joies bestiales. Cette lassitude, née de la débauche et du vice, vous est inconnue.

Faites-vous en une idée : Souvenez-vous de ces longues nuits de bal (petites orgies de bonne société), votre fatigue du lendemain, vos yeux fatigués et cernés, votre démarche hésitante, langoureuse, vos pieds douloureux dans leurs pantoufles larges et bien fourrées. Il vous faut huit jours pour reposer. Recommencer le soir même, vous ne le pourriez pas.

Eh bien, ces filles du peuple, que vous méprisez, ces filles font cela (elles font pis) tous les soirs, toutes les nuits.

Ce qui est un plaisir pour vous, est un travail pour elles.

Cela vous divertit, cela les tue.

Cela vous fait gaies, cela les rend tristes. Elles rient, pour ne pas pleurer, de ce rire strident, nerveux, qui fait mal et qui déchire.

Vous goûtez le champagne, elles le boivent.

Pour être aimées, vous aimez ; pour *plaire*, elles se ravalent.

Vous montez, elles descendent ; tout cela pour atteindre le même but : Séduire.

V

Elle est encore jolie.

Tout dernièrement, elle a fait une conquête. Pour ce nouvel amour, elle a retrouvé toutes ses grâces, toutes ses gentillesses d'autrefois... Elle est séduisante !

Pour lui, elle s'est refaite presque candide. On dirait une enfant : elle demande, on refuse ; elle prie, on résiste ; elle fait la moue, on cède. Que peut-on refuser à une petite moue ? Rien.

Elle croit remonter alors qu'elle descend.

Elle veut briller, et, malgré son âge, elle veut surpasser en beauté, en fraicheur les nouvelles recrues. Elle a soigneusement, aux yeux de tous, dérobé les rides légères qui sillonnent son front.

Ses cheveux qu'elle a laissé accrochés aux tables de jeu, où elle a perdu cent fois de quoi soulager bien des misères ; ses cheveux, elle les a remplacés par d'autres achetés à des malheureuses qui les ont vendus pour ne pas mourir de faim, ou coupés sur la tête de quelque pauvresse affamée que la Seine a rendue à la Morgue.

Ses joues légèrement creusées, violacées, elle les a fardées, et ce plâtrage lui a rendu en faux sa beauté, sa fraîcheur d'autrefois.

Elle est séduisante... mais il n'y faut pas toucher ; cela vous resterait aux mains.

Elle veut briller. Elle veut faire *étoile*.

Au bras de cette fatuité, elle veut qu'on la regarde passer, qu'on envie son sort,... ses cheveux d'emprunt, le teint vermeil de ses joues.

On se retourne pour la regarder, quelquefois pour la maudire.

Cependant, tout ce luxe ne la fait pas heureuse. Ce sourire, qui entr'ouvre ses lèvres, est faux ; son âme est toujours aussi triste.

Elle se trompe sur l'effet qu'elle produit.

Elle est satisfaite... Elle traîne la mode, elle l'invente... Les dames du grand monde voudront l'imiter... mais, pour écraser tous ces plagiaires, on n'y regardera pas...

L'homme riche est vaniteux, il payera..... Pour avoir à son bras une femme qu'il n'aime point et que les autres méprisent, il accordera tout, même ce qu'il refuserait à une femme aimée que le monde respecterait.

L'homme riche est content. Il tient à honneur de n'être pas surpassé en fait de prodigalités et de folies.

Cette femme, c'est un beau cheval dont il est fier d'être le maître.

Puis il y a de certains costumes qu'on appelle des *négligés* (une honnête femme en ferait ses grandes fêtes) qu'on se plaît à revêtir à certaines heures de mélancolie ou de *pose*.

On dirait une jeune veuve.

Cela dure peu...

VI

Les chevaux sont impatients. La voiture est légère et bien suspendue. On est commodément là... et l'on roule... où l'on a été hier, où l'on ira demain, où l'on ira tous les jours... jusqu'à la catastrophe...

On roule...

Et la carriole où l'on montait petite fille ? On n'y pense plus... Ce temps est trop loin, il n'en faut pas parler, c'est le temps de la *niaiserie*.

On rencontre bien des amis, bien des connaissances : On a salué de la main, avec un sourire béat.

— C'est un *vieux-jeune* : De l'œil et du pommeau de sa canne, il félicite l'*heureux mortel*. — Sa Fatuité s'épanouit de joie près de cette reine du jour.

— Là, un *gommeux*, fils d'un épicier enrichi, et qui se dit marquis *de N'importe-Quoi* : — *Veinard !* dit-il.

Que de folies ces félicitations lui feront faire,

jusqu'au jour où la ruine, arrivant à l'improviste, lui dira : « Heureux mortel, tu n'es qu'un niais ! »

Mais...

VII

Il est tard, tout le monde repose : L'homme répare ses forces pour le travail de demain.

Celui-ci rêve ; celui-là ne rêve pas, sa fatigue est trop grande, son sommeil est de plomb. Quand il se réveillera demain, il reprendra sa besogne où il l'a laissée, et ainsi tous les jours.

Tout le monde dort, moins la jolie femme..... c'est son heure à elle ; il faut qu'elle travaille, et son travail, c'est le bal, le souper, la débauche, les tables de jeu, l'ivresse du vin, l'ivresse de l'amour, la jouissance et la douleur...

Cela ou bien le trottoir !

On boit, on joue, on danse, on fume ; on ne mange presque pas..... Puis on se couche extémuée, n'en pouvant plus, suant le vice par tous les pores.

Quelle nuit !

. . . .

Quelle nuit !!

On est seule alors, plus personne pour contempler, pour admirer cette pauvre reine : On ne pose plus... les cheveux admirables sont jetés à terre.

Puis on s'endort de ce sommeil agité, qui ne repose pas et qui énerve.

Il est grand jour quand on se réveille. On est encore tout endormie, tout enivrée du champagne de la veille. La tête est lourde et l'air stupide.

On essaye de se lever, les jambes se refusent à marcher. On a comme des étourdissements, des maux de cœur, des nausées, que sais-je ? La salive est épaisse et la langue empâtée.

Ce corps décharné reste étendu et glacé sur l'oreiller du vice.

Il faut ouvrir les fenêtres... On ne respire pas ici !... La poitrine est écrasée par cette atmosphère viciée ; l'air est lourd et surchargé de miasmes.

Cette *femme-fumier* a l'haleine mauvaise et de tout son corps, s'échappe une odeur pestilentielle, moitié musc, moitié sueur... Cela est asphyxiant !

On reçoit ses *amis* : Quelle fadeur !

« Ma chère, vous êtes séduisante ! »

« Flora est furieuse ! »

« Georgette va faire une scène à *son monsieur* ! »

Et mille autres choses plus niaises, plus futiles encore.

Puis il y a les Alphonse et les Arthur, avec lesquels on déjeune, que l'on embrasse et que l'on aime *de cœur*, aux dépens de celui qui paye, qui ne vient que plus tard, dans l'après-midi.

Puis l'on recommence la vie d'hier, la vie de tous les jours : *On rit !*

Vous les croyez heureuses : elles rient ! Vous les croyez insatiables de plaisir. Elles meurent à trente ans !!

Cependant, ce sont les *sages* du métier, celles-là.

VIII

On se lasse de tout : Le plaisir fatigue plus vite que le chagrin ; la jouissance poussée jusqu'à l'excès devient la douleur.

Il y a des femmes blasées à dix-huit ans. Pour celles-là, le mal est un préjugé, le bien une originalité, sinon un sottise.

Elles estiment l'honnête homme, mais elles ne l'aiment point. Son amour est trop grave !

Elles lui préfèrent l'homme avili qui les frappe ou qui les vend. Elles sont plus à l'aise avec lui.

L'honnête homme les gène ; son visage calme et sévère leur fait peur. Elles rougiraient devant lui !

L'immensité les sépare.

Cependant...

Blasées, elles ont comme des réactions de désirs et d'amour, de joies pures et de bien. Elles voudraient ne pas avoir encore aimé pour aimer davantage.

Elles voudraient recommencer cette existence perdue ; elles feraient mieux. — *Si j'avais su !*

Cela dure peu, j'en conviens, mais cela dure assez pour perdre à tout jamais celle qui, *pour n'avoir pas su*, est devenue la victime de tout le monde, le jouet de quelques-uns, le cancer de notre société !

Ce remords la dégrade tout à fait :

Pour satisfaire ce pressant besoin de rénovation, elles veulent encore aimer. Victimes de l'amour, elles n'ont confiance qu'en l'amour ; blasées, elles s'abusent encore.

L'enfant qu'elles touchent du coude, le soir ; qu'elles appellent *petit* et qui les suit l'âme troublée, avec un nuage sur les yeux, est leur première victime.

— Elles éprouvent le besoin de salir, dit le monde ; dans l'ornière de honte et de boue, qui est devenue le lit de leur débauche, il y a place pour deux, pour beaucoup !

Le monde se trompe : Il y a place pour *tous* ; la société la creuse tous les jours plus profonde, afin de pouvoir s'y coucher tout entière.

Mais ce n'est pas ce que cette pauvre fille cherchait : Elle avait besoin de remonter à la surface de cette tourbe où l'avaient jetée les mille mains de l'adversité, sous l'apparence d'une seule d'abord : le patron !... de toutes ensuite : la faim, la maladie, le vice, l'habitude, la paresse, etc., le châtiment !

Elle a saisi la branche encore verte qui plie sous la main, celle qui n'avait point encore souffert de l'orage, parce que le gros arbre la protégeait.

Unique et dernière espérance, elle s'y cramponnait ; mais la branche a cassé... elle est encore dans sa main, séparée de l'arbre qui la protégeait, roulant dans la fange avec celle qui l'en a détachée.

Elle a cru se relever, elle s'est trompée. Cet enfant qu'elle *voulait* aimer ne l'aimait pas.

Il l'a quittée pour une autre qu'il abandonnera pour une troisième, et ainsi... Cela n'a plus de raison pour s'arrêter.

Devenu homme, cet homme n'aime pas la femme, il aime *les* femmes.

Il sera leur victime, comme elles seront les siennes. Tout cela se dégrade mutuellement.

Cette tentative n'était qu'une trahison. La femme a fait un pas de plus dans cette voie fatale d'où elle ne peut sortir et qu'il lui faudra suivre jusqu'au bout, quoi qu'elle veuille, quoi qu'elle fasse.

La fatalité, qui est le châtiment, l'entraîne.

Bien des fois encore, elle voudra remonter, mais en vain : une main implacable, la logique des faits, la replongera toujours dans ce bourbier puant que l'exploitation a creusé sous ses pas.

Si le plaisir fatigue, la résistance énerve · une trop grande dépense de force amène la lassitude, de là au ramollissement, il n'y a qu'un pas.

Alors, elle se laisse entraîner sans plus de résistance ; et la folie ou la mort achève ce que la débauche n'avait pu faire !

A qui la faute ?

IX

L'homme, qui veut voir ce qui se passe autour de lui, voit quelquefois d'étranges choses.

Ainsi, il y a :

Des femmes qui travaillent comme des chevaux, et des hommes qui vendent des pelotes de fil et qui mesurent de la dentelle ;

Des enfants en nourrice, qui sont malades et qui meurent, et des femmes enceintes qui n'ont pas le droit de mettre à la caisse d'épargne quelques économies pour habiller le petit, si le mari, qui rentre ivre et qui les bat, ne leur donne son consentement ;

Des femmes qui achètent des meubles, et des hommes qui les mangent ;

Un luxe honteux chez les uns, une misère dégradante chez les autres ;

Des fonctionnaires à cent mille francs, des employés à huit cents ;

Des gens qui ne font rien et qui vivent bien, d'autres qui travaillent quinze heures et qui vivent mal ;

Des malheureux qui meurent de faim, des misérables qui meurent d'excès :

Le mépris pour la femme trompée, les honneurs pour celui qui la trompe ;

Puis des choses plus tristes encore :

Trois femmes se sont jetées à l'eau cette semaine :

— L'une :

C'était une jolie fille de seize ans, presque une enfant.

Quand on la ramena sur le quai, elle vivait encore. Un médecin, qui se trouvait parmi les assistants, la fit transporter dans une maison voisine...

Ses yeux se sont ouverts et des larmes ont coulé sur ses joues.

« Je voulais mourir, pourquoi m'avez-vous sauvée ? »

La pauvre fille avait aimé. Elle aimait encore un homme qui l'avait séduite, puis abandonnée.

Elle n'osait plus reparaître devant son père qu'elle avait quitté... il ne voudrait pas la recevoir. Qu'allait-elle faire, toute seule à Paris, déshonorée, inconnue de tout le monde ?

Elle avait voulu mourir !

— L'autre :

C'était une jeune femme ; ses traits fatigués étaient encore bien beaux,

Victime de l'amour, rudoyée par les uns, battue par les autres, elle vendait ses baisers à ceux qui les voulaient encore acheter.

L'hiver, elle avait froid ; elle ne mangeait pas tous les jours.

Souffrir sans relâche l'avait rendue folle.

Elle cria : « Au secours ! » Puis elle se jeta dans la Seine. Elle se débattit encore quelques minutes, puis ce fut tout.

On ne la retrouva pas ce jour-là.

— La troisième :

C'était une jeune mère. Elle courait vers la Seine, traînant derrière elle trois petits enfants qui pleuraient :

« Venez, mes chers petits. vous ne souffrirez plus ! »

Sur le quai, elle s'arrêta ; l'eau coulait à ses pieds. Elle prit dans sa poche une corde qu'elle y avait mise ; puis, attachant le plus petit de ses enfants autour de ses reins, elle prit dans ses bras les deux autres qui se débattaient et se laissa glisser dans la rivière.

Un homme qui passait la sauva malgré elle et lui remit vivants ses trois petits qu'elle aimait toujours.

Elle n'avait pas mangé depuis deux jours et les pauvrets avaient grand'faim.

A qui la faute ?

Qui sait si la première de ces trois victimes ne sera pas plus tard ce qu'a été la seconde : une folle ?

Ou bien ce qu'est devenue la troisième : une mère affamée que l'amour qu'elle porte à ses petits a faite criminelle et barbare?

Il y a de ces choses-là tout plein Paris.

Ce sont les drames de la misère, drames terribles et mystérieux qui se dénouent dans l'ombre des galetas, à deux pas quelquefois de gens qui vivent d'excès et qui crèvent de trop plein.

L'Assistance publique ne les connait pas ; elle ne sait que les vaudevilles et les pochades.

X

Il est quelquefois dans le goût, dans les mœurs et dans l'intérêt de certains gouvernements de dépraver la nation.

Un peuple fier de sa liberté est un peuple dangereux que doit craindre celui qui songe à l'asservir.

Il faut l'amadouer.

Prendre brutalement à ce peuple son bien le plus cher et faire des lois et des plébiscites pour légaliser ce vol n'est pas toujours possible.

Il faut le tromper.

D'ailleurs, ce plébiscite eût-il lieu, l'absolution eût-elle été donnée au ravisseur, ce contrat ne peut être définitif.

Un peuple ne peut engager l'honneur et l'intérêt des générations qui suivront.

La tyrannie que telle génération a trouvée de son goût peut être insupportable à telle autre.

De là une révolution.

Un peuple libre, eût-il tous les droits possibles, il en est un qu'il ne saurait exercer : celui d'abdiquer ses droits et de s'en dessaisir.

Il est donc de l'intérêt de celui qui tient le pouvoir et qui veut le conserver, de tendre un piége à la postérité du peuple sur lequel il commande.

La ruse est un moyen politique.

Pour s'assurer l'avenir, pour faire que ce peuple qu'il veut toujours dominer ne songe point à sa liberté ravie, il faut lui dorer ses chaimes, lui créer des plaisirs nouveaux et des besoins factices qui le détournent des pensées sérieuses. — Capoue !

C'est l'abrutissement, c'est l'idiotisme ? direz-vous. — Qu'importe, puisque c'est le succès !

L'homme qui veut asservir ne recule devant rien. La fièvre de la domination est telle que, pour la satisfaire, il lui importe peu de régner sur des crétins.

Il faut avant tout consolider le trône :

Un moyen s'est offert : la débauche !

Une victime a été choisie : la femme !

Dépraver la femme, c'est aussi dépraver la société ; c'est la dépraver jusque dans ses générations futures ; c'est lui faire au front une tache originelle de débileté ; c'est lui inoculer un germe de honte et de mort, plus terrible cent fois que le mal lui-même, puisqu'il en est l'expiation.

Parce que la mission de la femme est sacrée, sa dépravation au milieu de la société est un signe indéniable de décadence et de fin.

De même, la femme vertueuse est un signe de force vitale et d'énergie. Épouse et mère, elle est le premier maître de l'enfant, le premier conseil de l'homme.

Eh bien ! s'appuyant sur cette idée que, de la vertu des femmes dépend la force vitale et toute la résistance d'un peuple à la tyrannie, — il s'est trouvé des gouvernements assez misérables, assez lâches pour faire de la femme un instrument politique de démoralisation et de débauche.

Par la débauche recommandée aux Sardins, Cyrus anéantissait pour toujours les velléités de révoltes et s'assurait le pouvoir.

Par la débauche, Louis XIV retenait à sa cour les grands seigneurs dont il ruinait l'influence en rendant leur fortune dépendante et comme tributaire de la sienne. Nul ne songea plus à la révolte : la fierté de l'indépendance fit place à l'orgueil du courtisan.

La Révolution en fut comme le châtiment.

Par la débauche, le XIXe siècle a dégradé le peuple.

Ainsi, cette femme qui vendait ce qu'on est convenu d'appeler *ses faveurs*, cette femme n'était que le séide d'un gouvernement tyrannique et barbare.

Elle était là comme un excitant aux passions mauvaises et désagrégeantes. Sa mission était de vous abrutir, de vous détourner des nobles idées de rénovation morale et de grandeur réelles.

Entre ses bras, vous vous habituiez à ne plus songer.

En revanche, vous vous ingéniiez à trouver de nouveaux jeux, de nouveaux plaisirs, de nouvelles jouissances.

Où cela vous a-t-il mené ?

Voulez-vous le savoir ? Allez au Luxembourg, arrêtez-vous un instant devant le chef-d'œuvre de Couture, et songez :

La décadence romaine. Une orgie où personne ne s'amuse.

La souffrance sur tous les visages.

Une jeune femme, charmante, dont les yeux sont cernés et tristes sous un front sans pureté et déjà terni. Il y a là comme l'ombre de la mort : *lassitude, ennui.*

Une autre dont les lèvres sourient d'un sourire niais, tout de convention.

Un homme, ou plutôt une infirmité, dont les jambes vacillent et qui, ne pouvant plus boire, présente sa coupe remplie aux lèvres glacées d'une statue, dont le bras étendu semble les maudire. Le monstre dépravé, qui rit comme rient les ivrognes, autant pour se soutenir que pour abaisser ce bras qui le gêne, paraît presque s'y suspendre.

Un autre, plus fort, un homme celui-là, tend sa coupe. Il veut encore boire. On dirait qu'il veut noyer ses glorieux souvenirs.

Puis un baiser.

Puis deux critiques, deux patriotes qui regardent et qui pensent.

C'est un empire qui meurt...

Songez.

Cette image n'est pas loin d'être la représentation de ce qui se passe chez nous.

Ne nous trompons pas : notre jeunesse est fatiguée, blasée avant d'être puberte.

Les *filles d'amour*, comme les appelaient nos aïeux, après avoir été *filles de joie*, sont devenues *filles de marbre*.

Aujourd'hui, cette dernière dénomination ne suffit plus.

Il n'y a plus d'amour, plus de joie ; on trouve en revanche la « froideur de la glace » et « l'ennui du vice ».

La femme est devenue *fille de gain*.

XI

« La génération de l'Empire est pourrie ! » tout le monde le dit ; on n'entend pas autre chose depuis la guerre.

C'est très-bien de le constater, mais cela ne suffit pas de le chanter : il faut, sinon sauver celle-ci, du moins préserver celle qui suivra de la contagion.

La guerre a déjà beaucoup fait pour cela ; nos malheurs n'ont point été inutiles. Nous avons moralement beaucoup gagné depuis cette époque.

En nous montrant l'abîme, ils ont assez effrayé notre conscience pour que nous n'en détournions plus les yeux.

Ce n'est pas assez.

Bien voir le mal, bien osculter les battements du cœur ne suffit pas.

Il faut y apporter le remède.

Il y en a un. Tout poison dans la nature a son contre-poison : l'azote qui tue a pour antidote l'oxigène qui fait vivre.

Il y a mal, donc il y a remède.

Lequel ?

Ne nous endormons point. Cherchons-le !

Laissons Duclos affirmer que nous sommes « le seul peuple dont les mœurs peuvent se dépraver, sans que le fond du cœur se corrompe et que le *courage s'altère.* »

Nous en savons quelque chose : les dernières pages de notre histoire s'élèvent aujourd'hui contre cette flatterie insensée d'un homme qui, selon La Harpe, ne flattait pas souvent.

Elles donnent raison à la science qui reconnaît comme loi immuable la tendance qu'ont toutes les choses superficiellement mauvaises à se corrompre tout à fait.

Il y a quelque chose à faire : faisons-le.

Ne craignons point d'attaquer la bête par les cornes : réformons-nous du tout au tout.

Que cette guerre terrible qui, en quelques mois, a dévoré une grande partie des forces vitales de notre patrie, soit le point de départ d'une prospérité vraie, ayant ses bases dans la vertu de la femme, c'est-à-dire du peuple, et dans la science, c'est-à-dire la paix.

Faisons surtout que la faim et l'exploitation

ne soient point la justification de la débauche et du crime.

Honte et mépris à l'exploiteur ! Que la loi intervienne et qu'elle atteigne, jusque dans sa tranquillité d'âme, ce cancer vivant, l'exploiteur, cause-principe d'un mal si profond et si peu connu.

Il y a là une question de vie ou de mort. Prenons-y garde !

Le sang répandu de tous ces jeunes hommes, nos frères et nos enfants, victimes d'un régime de honte et de scandales, réclame contre nous.

Qu'il soit le dernier tribut payé au passé, le rachat de notre débauche et, non-seulement le sujet de nos larmes et de nos regrets, mais aussi le motif de nos travaux dans l'avenir.

Ils sont tombés martyrs, que leur sacrifice ne soit pas inutile !!!

FIN

Paris. — Librairie universelle de GODET Jeune,
place des Victoires, 9.

EN VENTE

Bibliothèque Démocratique, 26 volumes à . . . 30 c., franco, 40 c.
Bibliothèque du Suffrage universel, 18 broch., à 10 c., franco, 15 c.
— — — 5 broch, à 5 c., franco, 10 c.

Bibliothèque du Suffrage universel, en vente :
1° *Combien l'Empereur*, E. Gauthier; — 2° *Réflexions d'un Cultivateur*, E. Didier ; — *Si l'Empire revenait*, Yves Guyot ; — *Les Veillées du père Guillaume, Souvenirs de* 1789, Ch. Martin. 4 feuiles de 4 pages, à 2 francs le cent *franco*.

L'Instruction républicaine, 1re série, 28 br. à . . 15 c., franco, 20 c.
— — 2e série, n° 1 à . . . 10 c., franco, 15 c.
— — 2e série, n° 2 à 18, à 5 c., franco, 10 c.

Le Guide de l'Électeur près de son Député en vacances,
par Ch. Habenech. . . . . 10 c., franco, 15 c.
L'Empire et les Paysans, par Gazeau de Vautibault, 10 c., franco, 15 c.
Les Droits de l'Homme et du Citoyen, — 5 c., franco, 10 c.

Ouvrages divers de MM. A. S. Morin, Godin, Guichard, etc,

Collection E. Sauvage. L'*École républicaine*, prix divers, de 30 c., franco 35 c., à 1 fr., franco 1 fr. 15.

Des conditions exceptionnellement avantageuses seront faites aux Personnes qui prendraient en grand nombre une ou plusieurs de ces brochures.

Envoi franco du catalogue sur demande affranchie.

Expédition de tous ouvrages édités en France et à l'Etranger aux meilleures conditions.

Paris. — A. Dutemple, imp. rue des Canettes, 7.

www.ingramcontent.com/pod-product-compliance
Lightning Source LLC
LaVergne TN
LVHW021638170726
843501LV00007B/2292

* 9 7 8 2 3 2 9 6 4 7 7 5 3 *